1. Thomas Müller wurde Torschützenkönig des Turniers 2010 aufgrund von drei Scorerpunkten. Wie viele Spieler hatten wie er ebenfalls fünf Tore erzielt?

a) einer
b) drei
c) fünf

2. Welcher Spieler hat die meisten Tore innerhalb eines einzigen Turniers erzielt?

a) Gerd Müller
b) Just Fontaine
c) Sándor Kocsis

1 b) Fünfmal getroffen hatten 2010 auch der Spanier David Villa, der Niederländer Wesley Sneijder und Uruguays Diego Forlan. Müller bekam den »Goldenen Schuh« wegen der zusätzlichen meisten Torvorlagen in der Endrunde.

2 b) Der Franzose Just Fontaine erzielte bei der Endrunde 1958 in Schweden 13 Treffer. Der Ungar Kocsis 1954 in der Schweiz und Gerd Müller 1970 in Mexiko mit elf bzw. zehn Toren kamen diesem Rekord am nächsten.

1 Mit 14 Treffern in zwei Turnieren war Gerd Müller fast drei Jahrzehnte lang der erfolgreichste WM-Torjäger überhaupt. Wer übertraf ihn?

a) Miroslav Klose, Deutschland

b) Ronaldo, Brasilien

c) Jürgen Klinsmann, Deutschland

2 Einem einzigen Torjäger gelang es, in einem WM-Finale drei Treffer zu erzielen. Wer war es?

a) Guillermo Stábile, Argentinien, 1930

b) Pelé, Brasilien, 1958

c) Geoffrey Hurst, England, 1966

3 Sehr selten wurde der Torschützenkönig eines Turniers auch Weltmeister. Welchem Spieler gelang das als erstem eindeutig?

a) Garrincha, Brasilien, 1962

b) Mario Kempes, Argentinien, 1978

c) Gerd Müller, Deutschland, 1974

1 b) Ronaldo traf bei den Endrunden 1998, 2002 und 2006 15-mal und überholte damit Müller. Miroslav Klose könnte bei seinem dann vierten Turnier 2014 nach bislang 14 Toren noch an beiden vorbeiziehen.

2 c) Geoffrey Hurst erzielte beim 4:2 im WM-Finale 1966 gegen Deutschland den bislang einzigen Dreierpack in einem WM-Finale, darunter das legendäre Wembley-Tor zum entscheidenden 3:2 der Engländer in der Verlängerung des Finales.

3 b) Garrincha war zwar 1962 der erste Torschützenkönig, der im Weltmeisterteam spielte, musste sich diesen Titel aber mit fünf anderen Spielern teilen. Gerd Müller war 1970 Torschützenkönig, aber nur 1974 Weltmeister. Somit gebührt dieser Triumph Kempes, der 1978 sechsmal traf und den Titel gewann.

1. Der Portugiese Eusébio war mit neun Treffern Torschützenkönig der WM-Endrunde 1966. In welcher ehemaligen portugiesischen Kolonie wurde er geboren?
   a) Angola
   b) Guinea-Bissau
   c) Mosambik

2. Wer erzielte das schnellste Tor in einem WM-Spiel?
   a) Hakan Şükür, Türkei, 2002
   b) Johan Neeskens, Niederlande, 1974
   c) Pelé, Brasilien, 1958

3. Wie hieß der Pechvogel, der im Viertelfinale 2010 gegen Uruguay in der letzten Minute der Verlängerung einen Elfer für Ghana an die Latte knallte?
   a) Asamoah Gyan
   b) Kevin-Prince Boateng
   c) Andrew Ayew

1 c) Europas Fußballer des Jahres 1965 kam im Januar 1942 in Maputo, der heutigen Hauptstadt von Mosambik, zur Welt. Das Land war bis 1975 portugiesische Kolonie.

2 a) Hakan Şükür traf im »Kleinen Finale« 2002 gegen die Türkei bereits nach elf Sekunden.

3 a) Asamoah Gyan, der zuvor im Turnier schon zwei Strafstöße verwandelt hatte, widerfuhr dieses Missgeschick. Trotzdem trat er gleich darauf beim Elfmeterschießen erneut an und verwandelte. Dennoch schieden die Afrikaner am Ende unverdient aus.

1 Welchen beiden Stürmern gelang das Kunststück, bei einem Turnier in jedem ihrer sechs Spiele Tore zu erzielen?

a) Pelé (1958) und Gerd Müller (1970)

b) Just Fontaine (1958) und Jairzinho (1970)

c) Mario Kempes (1978) und Diego Maradona (1986)

2 Wie hieß der Siegtorschütze zum sensationellen 3:2 der Deutschen gegen den Favoriten Ungarn im Finale 1954?

a) Fritz Walter

b) Ottmar Walter

c) Helmut Rahn

3 Roger Milla war der Star Kameruns bei der WM 1990. Vier Jahre später wurde er mit einem Treffer gegen Russland zum ältesten WM-Torschützen aller Zeiten. Wie alt war er damals?

a) 40 b) 38 c) 42

1 b) Fontaine traf 1958 in sechs Spielen 13-mal, die Franzosen wurden Dritter des Turniers; Jairzinho erzielte auf dem Weg zum dritten Titelgewinn der Brasilianer sieben Tore in sechs Partien.

2 c) Rahn, der nach frühem 0:2-Rückstand bereits in der 18. Minute den Ausgleichstreffer erzielt hatte, traf kurz vor Schluss auch zum 3:2.

3 c) Das offizielle Geburtsdatum von Roger Milla ist der 20. Mai 1952. Somit war er bei seinem letzten WM-Spiel 1994 mindestens 42, eventuell sogar noch älter.

1 Die Mannschaft welchen Landes stand am häufigsten in einem WM-Endspiel?
a) BRD/Deutschland
b) Brasilien
c) Niederlande

2 Welches Team erzielte die meisten Tore bei einer einzelnen WM-Endrunde?
a) Brasilien
b) BRD/Deutschland
c) Ungarn

3 Deutschland hält den Rekord, am häufigsten den dritten Platz einer Endrunde erreicht zu haben (im Bild die WM 2010). Wie oft geschah dies?
a) viermal
b) dreimal
c) fünfmal

1 a) Deutschland spielte insgesamt siebenmal (1954, 1966, 1974, 1982, 1986, 1990, 2002) im letzten Spiel eines Turniers um den Titel – Brasilien ebenfalls (1950, 1958, 1962, 1970, 1994, 1998, 2002), nur handelte es sich 1950 um kein Finale, weil die vier Gruppensieger der Vorrunde den Weltmeister in einer Jeder-gegen-jeden-Phase ermittelten.

2 c) In dem Turnier von 1954 (im Bild eine Torszene) traf Vizeweltmeister Ungarn 27-mal, dicht gefolgt vom Titelträger Deutschland (25). Auf Platz 3 liegt Frankreich mit 23 Toren im Jahr 1958.

3 a) Die Deutschen standen insgesamt fünfmal im »Kleinen Finale«, verloren dieses jedoch nur 1958 gegen Frankreich. 1934, 1970, 2006 und zuletzt 2010 beendeten sie die Turniere als Dritter.

1. Außer Brasilien (210) und Deutschland (206) haben nur noch zwei Mannschaften mehr als 100 Tore bei WMs (ohne Treffer in Elfmeterschießen) erzielt. Welche waren das?
a) Italien und Niederlande
b) Italien und England
c) Italien und Argentinien

2. Mit fünf Triumphen ist Brasilien Rekordweltmeister (im Bild im Jahr 1958). Welches Land liegt in dieser Statistik auf Platz 2?
a) Deutschland
b) Uruguay
c) Italien

3. Welchem Team widerfuhr das Schicksal, sechs Spiele in Folge zu gewinnen und dennoch ohne Titel nach Hause zu fahren?
a) Niederlande b) Italien c) Frankreich

1 c) Mit 126 Treffern liegt der viermalige Weltmeister Italien deutlich hinter den beiden führenden Teams. Auf Platz 4 folgt in dieser Rangliste Argentinien mit 123 Toren.

2 c) Italien holte den Titel 1934, 1938, 1982 und 2006 (im Bild Zidane und Materazzi). Deutschland folgt mit drei Titeln (1954, 1974, 1990) vor den Doppelweltmeistern Uruguay (1930 und 1950) sowie Argentinien (1978 und 1986).

3 a) Beim Turnier 2010 in Südafrika gewannen die Niederländer bis einschließlich des Halbfinales sämtliche ihrer sechs Partien. Die erste Niederlage kam in der Verlängerung des Finales gegen Spanien.

1. Bislang stand ein Team mehr als zweimal in einem WM-Finale und gewann dennoch nie den Titel. Das war(en):
a) die Niederlande
b) Tschechien/ČSSR/Tschechoslowakei
c) Ungarn

2. Wie lange hielt – turnierübergreifend – die längste Siegesserie eines Teams bei WM-Endrunden?
a) acht Spiele b) zehn Spiele c) elf Spiele

3. Zweimal kam ein Titelverteidiger im nächsten Turnier nicht über die Gruppenphase hinaus. Wem widerfuhr dieses Schicksal?
a) Uruguay und England
b) Frankreich und Italien
c) Deutschland und Brasilien

1 a) Die Niederlande verloren sämtliche ihrer drei Finals 1974, 1978 und 2010 (im Bild die Siegerehrung für Platz 2). Der Tschechoslowakei bzw. ČSSR widerfuhr dieses Schicksal zweimal (1934 und 1962), Ungarn scheiterte sowohl 1938 als auch 1954.

2 c) Brasilien gewann sämtliche seiner sieben Spiele 2002 in Südkorea und Japan sowie die ersten vier Partien 2006 in Deutschland. Dort unterlag man im Viertelfinale Frankreich, das den Südamerikanern zuvor auch die letzte Niederlage im Finale 1998 beigefügt hatte.

3 b) Frankreich 2002 (im Bild) und Italien 2010 schieden als amtierende Weltmeister bereits in der Gruppenphase aus. Frankreich widerfuhr dies 2010 als Vizeweltmeister 2006 um ein Haar zum zweiten Mal.

1 Dass ein und dasselbe Land zweimal in Folge den besten Torschützen eines Turniers stellte, kam zweimal vor. Wann war das nicht der Fall?

a) 1938 und 1950

b) 1958 und 1962

c) 2006 und 2010

2 Drei Spiele wurden bei WM-Endrunden mit neun Toren Differenz vom Sieger gewonnen. Welchem Team gelang das zweimal?

a) Brasilien

b) Deutschland

c) Ungarn

3 Welches Land hat die meisten Endrundenspiele seit 1930 bestritten?

a) Brasilien

b) Italien

c) BRD/Deutschland

1 b) 1938 und 1950 waren die Brasilianer Leônidas und Ademir und 2006 bzw. 2010 die Deutschen Miroslav Klose und Thomas Müller die erfolgreichsten WM-Torjäger.

2 c) Ungarn besiegte 1982 in Spanien das Team von El Salvador mit 10:1 (im Bild) und hatte bereits 1954 die Südkoreaner mit 9:0 bezwungen. Ebenfalls mit 9:0 fegte 1974 Jugoslawien das Team aus Zaire vom Platz. Höchster Sieg der Deutschen war das 8:0 gegen Saudi-Arabien 2002.

3 c) Obwohl Brasilien bei allen 19 Turnieren vertreten war, Deutschland und Italien hingegen »nur« bei 17, haben die Deutschen insgesamt mit 99 Partien zwei mehr bestritten als die Südamerikaner (im Bild eine Szene von der WM 2010). Italien kommt auf 80 Spiele.

1 Mit Ägypten nahm 1934 erstmals ein afrikanisches Land an einer WM teil (im Bild ägyptische Fans im Jahr 1990). Erst 40 Jahre später konnte sich auch ein Team aus Schwarzafrika für die Endrunde qualifizieren – und zwar:

a) Ghana
b) Nigeria
c) Zaire

2 Wer war der erste asiatische Teilnehmer bei einer WM-Endrunde?

a) Japan b) Südkorea c) Indonesien

3 Ein einziges Team nahm an sämtlichen bisher ausgetragenen WM-Turnieren teil – und das war?

a) Brasilien b) Italien c) Mexiko

1 c) Unter diesem Namen trat die Demokratische Republik Kongo 1974 als erstes afrikanisches Land südlich der Sahara bei der WM in der BR Deutschland an, verlor jedoch sämtliche ihrer drei Gruppenspiele.

2 c) Indonesien nahm unter dem Namen Niederländisch-Indien an der Endrunde 1938 in Frankreich teil. Da es damals keine Gruppenspiele gab, sondern von Beginn an eine K.o.-Runde, ist das Land bis heute der einzige WM-Teilnehmer mit nur einem einzigen Spiel.

3 a) Die Brasilianer waren bislang immer dabei und sind ja als Gastgeber der Endrunde 2014 auch bei der 20. Auflage des Turniers im Rennen.

1 Welches asiatische Land erreichte bislang die beste Platzierung bei einem WM-Turnier?
a) Japan b) China c) Südkorea

2 Über einen langen Zeitraum hinweg fanden die Endrunden nur in Europa und Mittel- bzw. Südamerika statt. Wann war erstmals ein Mitglied anderer Kontinentalverbände am Zug?
a) 1990 b) 1994
c) 2002 (im Bild die Maskottchen)

3 Mexiko nahm bereits an 14 Endrunden teil (im Bild eine Szene 1986). Welchem Land aus Mittelamerika außer den Azteken gelang als erstem eine Qualifikation?

a) Kuba
b) Haiti
c) El Salvador

1 c) Bei der Endrunde 2002 in Japan und im eigenen Land schieden die Südkoreaner erst im Halbfinale gegen

Deutschland aus (im Bild das Siegtor von Michael Ballack) und wurden nach einer Niederlage im »Kleinen Finale« gegen die Türkei Vierter.

2 b) Das Turnier von 1994 fand in den USA statt und brach völlig unerwartet sämtliche Besucherrekorde. Mit Japan und Südkorea empfingen dann erstmals Asiaten die Fußballwelt zum Wettbewerb.

3 a) Kuba war schon 1938 in Frankreich dabei, gewann sogar ein Spiel mit 2:1 gegen Rumänien, schied dann jedoch im Viertelfinale mit 0:8 gegen Schweden aus. Danach konnten sich außer den Mexikanern erst 1970 El Salvador und 1974 Haiti wieder für eine Endrunde qualifizieren.

1. Welche asiatische Mannschaft gewann als erste überhaupt ein WM-Endrundenspiel?
a) Südkorea b) Nordkorea c) China

2. 2010 traten in Südafrika zum ersten Mal zwei ozeanische Teams bei einer Endrunde an (im Bild die Auslosung). Wodurch wurde das möglich?
a) Dem Verband war ein zweiter Startplatz zugesichert worden.
b) Australien hatte sich in der asiatischen Zone qualifiziert.
c) Neuseeland rückte wegen des Ausschlusses China nach.

3. Bei der WM 1982 schied eine afrikanische Mannschaft aus dem Turnier aus, ohne ein Spiel verloren zu haben. Das widerfuhr?
a) Algerien b) Ghana c) Kamerun

1 b) Mit dem sensationellen 1:0 vom 19. Juli 1966 schickte Nordkorea die hoch favorisierten Italiener nach Hause und qualifizierte sich fürs Viertelfinale (im Bild). Hier schied man nach einer unglaublichen 3:0-Führung am Ende mit 3:5 gegen Portugal aus.

2 b) Australien trat tatsächlich Ende 2005 aus dem ozeanischen Fußballverband aus und schloss sich dem asiatischen an, um die Chancen für eine Qualifikation zu erhöhen.

3 c) Zwei Mannschaften in der Gruppe 1 spielten 1982 dreimal unentschieden – Kamerun hatte am Ende ein Torverhältnis von 1:1, Italien von 2:2 (im Bild das Spiel der beiden Teams), kam damit weiter und holte den Titel.

1 Erst 1978 konnte ein afrikanisches Team bei einer WM-Endrunde auch ein Spiel gewinnen. Welcher Mannschaft gelang das?
a) Ägypten b) Marokko c) Tunesien

2 Zwei afrikanischen Mannschaften gelang die Sensation, im Eröffnungsspiel eines Turniers den amtierenden Weltmeister zu bezwingen. Welches der folgenden Länder war das nicht?
a) Angola
b) Senegal
c) Kamerun

3 Mit 0:1 schieden die USA 2002 unglücklich im Viertelfinale gegen Deutschland aus. Waren sie jemals erfolgreicher?
a) nein, nie
b) ja, 1930
c) Auch 2010 war im Viertelfinale Schluss.

1 c) Tunesien gewann 1978 in Argentinien 3:1 gegen Mexiko und rang im zweiten Gruppenspiel der BR Deutschland sensationell ein 0:0 ab. Dennoch schied die Mannschaft als Gruppendritter hinter Polen und den Deutschen aus.

2 a) Angola kann sich eines solchen Erfolgs nicht rühmen. Kamerun bezwang 1990 in Italien die Argentinier mit 1:0 (im Bild eine Szene aus dem Spiel), mit demselben Ergebnis siegte der Senegal 2002 gegen seine ehemalige Kolonialmacht Frankreich.

3 b) Beim ersten WM-Turnier 1930 erreichten die US-Boys das Halbfinale und wurden von der FIFA als Dritter des Turniers gewertet. 2010 unterlagen sie im Achtelfinale gegen Ghana.

1. Pelé gilt vielen als der beste Fußballer aller Zeiten. Welche der folgenden WM-Auszeichnungen erhielt er aber nicht?
   a) bester junger Spieler eines Turniers
   b) Torschützenkönig einer Endrunde
   c) jüngster Torschütze in der WM-Geschichte

2. Wie heißt der Spieler mit den meisten Einsätzen bei WM-Endrunden?
   a) Lothar Matthäus, BRD/Deutschland
   b) Paolo Maldini, Italien
   c) Uwe Seeler, BRD

3. Etliche Spieler des Rekordweltmeisters Brasilien waren an zwei Titelgewinnen beteiligt. Welchem gelang das zuletzt?
   a) Roberto Carlos b) Ronaldo c) Cafu

1 b) Pelé erzielte sein erstes Tor 1958 in Schweden im Alter von 17 Jahren und 8 Monaten, das ist Rekord bis heute. Nachträglich wurde er zum besten jungen Spieler dieses Turniers gewählt, Torschützenkönig war er nie.

2 a) Lothar Matthäus kam bei fünf Endrunden (1982, 1986, 1990, im Bild, 1994, 1998) zu 25 Einsätzen und lief damit zweimal öfter auf als der Italiener Paolo Maldini (1990–2002).

3 c) Der Verteidiger Cafu stand in den Siegermannschaften 1994 in den USA sowie 2002 in Japan und Südkorea (im Bild); bei dem zuletzt genannten Turnier holten Roberto Carlos und Ronaldo ihre jeweils einzigen WM-Titel.

1 Unter den 22 Spielern, die an vier oder mehr WM-Endrunden teilnahmen, befindet sich ein einziger Afrikaner. Aus welchem Land kommt er?
a) Kamerun b) Nigeria c) Ägypten

2 Wer war der älteste Spieler, der jemals mit seinem Team Weltmeister wurde?
a) Dino Zoff, Italien
b) Fritz Walter, Deutschland (im Bild mit Turek)
c) Toni Turek, Deutschland

3 Welchen eigentlich unmöglichen Rekord hält der kroatische Spieler Josip Šimunić?
a) Er bekam Rot, weil er bei seiner Einwechslung zu schnell auf den Platz gestürmt war.
b) Er bekam in einem Spiel drei Gelbe Karten.
c) Er sah nach seiner Auswechslung Rot wegen Meckerns von der Bank aus.

1 a) Der Kameruner Abwehrspieler Rigobert Song (im Bild) kam 2010 in Südafrika zwar nur zu einem Kurzeinsatz, aber es war dennoch sein viertes Turnier nach 1994, 1998 und 2002. 2006 konnte sich Kamerun nicht qualifizieren.

2 a) Italiens Torwart und Kapitän Dino Zoff war beim Titelgewinn 1982 bereits über 40 Jahre alt. Fritz Walter war 1954 erst 34, Turek 35. Zoff am nächsten kam Brasiliens Verteidiger Nílton Santos, der beim Titelgewinn 1962 37 Jahre zählte.

3 b) Im Spiel der Kroaten gegen Australien bei der WM 2006 bekam Šimunić dreimal Gelb, weil der Schiedsrichter bei der zweiten Karte offensichtlich vergessen hatte, dass er schon verwarnt worden war. Karten für Auswechselspieler (c) sind im Reglement durchaus vorgesehen.

1 Pelé ist seit 1958 mit 17 Jahren der jüngste WM-Torschütze aller Zeiten. Wer war der jüngste Spieler?

a) Pelé, Brasilien, 1958
b) Norman Whiteside, Nordirland, 1982
c) Uwe Seeler, Deutschland, 1954 (im Bild)

2 Welcher Spieler stand in Minuten die längste Zeit bei WM-Turnieren auf dem Platz?

a) Lothar Matthäus, BRD/Deutschland
b) Diego Maradona, Argentinien
c) Paolo Maldini, Italien

1 b) Diesen Rekord hält der Nordire Whiteside, der wenige Wochen vor Turnierbeginn 1982 seinen 17. Geburtstag gefeiert hatte. Uwe Seeler gab zwar im WM-Jahr 1954 mit ebenfalls 17 Jahren sein Debüt, war aber bei der WM in der Schweiz noch nicht dabei.

2 c) Obwohl Maldini zwei Spiele weniger bestritt als Matthäus, liegt er in dieser Kategorie mit 2220 Minuten auf Platz 1. Der Deutsche kam auf 2052 Minuten, gefolgt von seinem Landsmann Uwe Seeler (1980) und Diego Maradona (1938).

1 Spanien wurde 2010 mit nur acht Toren in sieben Spielen Weltmeister. Fünf davon erzielte der Stürmer David Villa (im Bild). Welche anderen beiden Stars trafen noch für die Iberer?

a) Andrés Iniesta und Carles Puyol
b) Andrés Iniesta und Fernando Torres
c) Andrés Iniesta und Xavi

2 Der Franzose Michel Platini war einer der weltbesten Fußballer der 1980er-Jahre. Welches war seine beste Platzierung bei einer WM-Endrunde?

a) Zweiter
b) Dritter
c) Vierter

1 a) Iniesta (rechts im Bild) erzielte in der Gruppenphase einen Treffer gegen Chile und vor allem das Siegtor im Finale gegen die Niederlande, kurz vor Abpfiff der Verlängerung. Puyol (links) war der Siegtorschütze im Halbfinale gegen Deutschland.

2 b) Sowohl 1982 (im Bild der Jubel nach dem 1:1) als auch 1986 scheiterten die Franzosen im Halbfinale gegen Deutschland. 1982 verloren sie das »Kleine Finale«, 1986 gewannen sie es und wurden Dritter. Platini selbst trat in diesem Spiel nicht mehr an.

1. Als erster Torhüter führte 1934 Giampiero Combi Italien als Kapitän zum Titel. Welchen beiden Keepern gelang das noch?
   a) Sepp Maier und Fabien Barthez
   b) Dino Zoff und Iker Casillas
   c) Gordon Banks und Gianluigi Buffon

2. Ein einziger Torhüter wurde bislang mit dem »Goldenen Ball« als bester Spieler des Turniers ausgezeichnet. Wer war es?
   a) Fabien Barthez, 1998 (im Bild mit Ronaldo)
   b) Oliver Kahn, 2002
   c) Gianluigi Buffon, 2006

1 b) Dino Zoff war Kapitän des italienischen Weltmeisterteams 1982, Iker Casillas gelang dies 2010 mit Spanien (im Bild). Die anderen genannten Torhüter holten zwar allesamt einen Titel, waren jedoch nicht Mannschaftsführer.

2 b) Oliver Kahn erhielt bei der Endrunde in Südkorea und Japan diese Auszeichnung, obwohl er im Finale die Niederlage der Deutschen gegen Brasilien durch einen Torwartfehler mitverschuldet hatte.

1 Welcher Torhüter wurde als erster offiziell mit dem »Goldenen Handschuh« (Lew-Jaschin-Trophäe) ausgezeichnet?
a) Toni Schumacher, Deutschland, 1986
b) Sergio Goycochea, Argentinien, 1990
c) Michel Preud'homme, Belgien, 1994

2 Turnierübegreifend am längsten ohne Gegentreffer blieb welcher dieser Torhüter?
a) Sepp Maier, Deutschland
b) Peter Shilton, England
c) Walter Zenga, Italien

3 Einem Torhüter widerfuhr das Schicksal, ohne Gegentor im Turnier mit seiner Mannschaft im Achtelfinale auszuscheiden. Wer war dieser Pechvogel?
a) Peter Shilton, England, 1990
b) Pascal Zuberbühler, Schweiz, 2006
c) Walter Zenga, Italien , 1990

1 c) Beim Turnier in den USA wurde die Auszeichnung zum ersten Mal offiziell vergeben. Der Belgier Preud'homme gewann die Abstimmung, obwohl er mit seinem Team bereits im Achtelfinale mit 2:3 gegen Deutschland ausgeschieden war.

2 c) Walter Zenga blieb im Turnier 1990 in fünf Spielen bis zum Viertelfinale unbezwungen. Erst im Halbfinale kassierte er nach insgesamt 517 Minuten das erste Gegentor. Peter Shilton brachte es auf 502 Minuten (1986–1990), Sepp Maier auf 475 (1974–1978).

3 b) Die Schweiz blieb 2006 in sämtlichen drei Gruppenspielen ohne Gegentreffer. Das Achtelfinalspiel gegen die Ukraine endete 0:0 n.V., im Elfmeterschießen unterlagen die Eidgenossen mit 0:3.

1 Welchem weltberühmten Torhüter widerfuhr das Schicksal, ein Gegentor durch einen direkt verwandelten Eckball zu kassieren?
a) Lew Jaschin, UdSSR
b) Oliver Kahn, Deutschland
c) Francesco Toldo, Italien

2 Aus welchem Land stammt der Torwart mit den häufigsten Teilnahmen an WM-Endrunden?
a) England
b) Frankreich
c) Mexiko

3 Vom Elfmeterschießen abgesehen, konnte bislang nur ein Torhüter bei zwei WM-Turnieren einen Strafstoß abwehren. Wer hält diesen Rekord?
a) Iker Casillas, Spanien
b) Ricardo Zamora, Spanien
c) Dino Zoff, Italien

❶ a) Tatsächlich war es der FIFA Jahrhunderttorhüter Jaschin, der 1962 in Chile beim 4:4 der UdSSR gegen Kolumbien einen Eckball ins Tor ließ.

❷ c) Der Mexikaner Antonio Carbajal stand bei den Turnieren 1950, 1954, 1958, 1962 (im Bild die Mannschaft) und 1966 fünfmal im Tor seines Landes und ist damit neben dem deutschen Mittelfeldspieler Lothar Matthäus der Aktive mit den meisten Endrundenteilnahmen überhaupt.

❸ a) Der Kapitän der spanischen Weltmeisterschaft wehrte im Viertelfinale 2010 einen Elfer des Paraguayers Óscar Cardozo ab und half seinem Team damit beim Weiterkommen. Seinen ersten Strafstoß hatte er bereits 2002 im Achtelfinale gegen Irland abgewehrt.

1 Aus welchem Land stammt der erste Torhüter, der bei einer WM-Endrunde vom Platz gestellt wurde?
a) Deutschland b) Italien c) Brasilien

2 Mit wie vielen abgewehrten Strafstößen im Elfmeterschießen stellte der Portugiese Ricardo Pereira einen WM-Rekord auf?
a) drei b) zwei c) vier

3 Ein Torhüter kassierte in einem Turnier in sieben Spielen nur zwei Tore und wurde dennoch nicht Weltmeister. Sein Name lautet?
a) Walter Zenga, Italien
b) Oliver Kahn, Deutschland
c) Edwin van der Saar, Niederlande (im Bild)

1 b) Italiens Keeper Gianluca Pagliuca sah beim Turnier 1994 in den USA im Gruppenspiel gegen Norwegen als erster WM-Torhüter überhaupt Rot, weil er außerhalb des Strafraums einen Ball mit der Hand spielte.

2 a) Bei der WM in Deutschland 2006 wehrte Ricardo Pereira im Elfmeterschießen des Viertelfinalspiels gegen England drei Schüsse ab.

3 a) Der Franzose Fabien Barthez 1998, Italiens Gianluigi Buffon 2006 (im Bild) und Iker Casillas aus Spanien 2010 mussten in jeweils sieben Spielen nur zweimal hinter sich greifen und wurden mit ihren Teams Weltmeister. Walter Zenga gelang dies 1990 ebenfalls, doch damals wurde Italien nur Dritter.

1 Zwei Spieler, die mit ihren Teams Weltmeister geworden waren, führten sie später auch als Trainer zum Titelgewinn.
Wie lauten ihre Namen?

a) Dino Zoff und Vicente del Bosque
b) Diego Maradona und Luiz Felipe Scolari
c) Mário Zagallo und Franz Beckenbauer (im Bild)

2 Der bislang älteste Trainer bei einer FIFA WM-Endrunde hieß?

a) Otto Rehhagel, Griechenland, 2010
b) Sepp Herberger, Deutschland, 1962
c) Alf Ramsey, England, 1966

3 Wie viele WM-Turniere hat Carlos Alberto Parreira, Brasiliens WM-Trainer von 1994, als verantwortlicher Coach bestritten?

a) zwei b) vier c) sechs

1 c) Mário Zagallo wurde als Spieler 1958 und 1962 Weltmeister und führte die Mannschaft 1970 als Coach (im Bild) zu ihrem dritten Triumph. Beckenbauer wiederholte dies 1974 als Kapitän und 1990 als Teamchef. Zoff und Maradona holten Titel »nur« als Spieler, del Bosque und Scolari als Trainer.

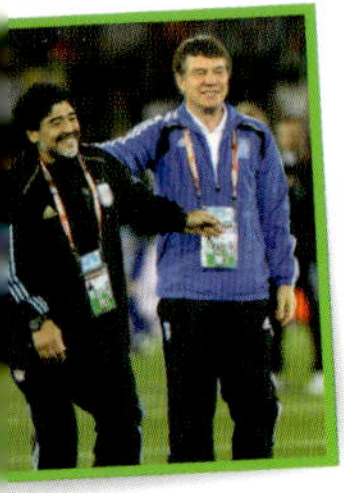

2 a) Otto Rehhagel war mit 71 Jahren der älteste Trainer überhaupt, als er mit Griechenland 2010 antrat (im Bild mit Maradona). Herberger bestritt sein letztes Turnier 1962 mit 65 Jahren, Alf Ramsey war beim WM-Triumph mit England 1966 gerade einmal 46.

3 c) Parreira führte 2006 sein Land zum zweiten Mal nach 1994 ins Turnier, vier Jahre darauf betreute er Südafrika. Zuvor hatte er 1982 Kuwait, 1990 die Vereinigten Arabischen Emirate, 1998 Saudi-Arabien bei WM-Endrunden betreut.

1 Wem gelang es als Erstem, seine Mannschaft nach einem gewonnenen EM-Titel zur Weltmeisterschaft zu führen?
a) Alf Ramsey, England (im Bild mit Schön)
b) Helmut Schön, Deutschland
c) Vicente del Bosque, Spanien

2 Woher kam der einzige Trainer, der nicht mit seinem Heimatland ein WM-Finale erreichte?
a) Österreich b) Jugoslawien c) Schweiz

3 Nur zwei Trainern gelang es bislang, mit ihren Mannschaften sowohl die Champions League als auch die WM zu gewinnen. Wer gehört nicht zu ihnen?
a) Vicente del Bosque, Spanien (im Bild)
b) Marcello Lippi, Italien
c) Giovanni Trapattoni, Italien

1 b) In dieser Reihenfolge gelang das bislang nur Helmut Schön in den Jahren 1972 und 1974 (im Bild mit Beckenbauer). Der einzige WM- und EM-Trainer neben ihm ist der Spanier del Bosque, jedoch in umgekehrter Reihenfolge.

2 a) Der Österreicher Ernst Happel betreute bei der Endrunde 1978 die Niederlande, unterlag mit dem Team jedoch im Finale Gastgeber Argentinien.

3 c) Trapattoni gewann zwar mit Vereinsmannschaften etliche Trophäen, nicht aber mit der Squadra Azzurra. Lippi gewann 1996 die CL mit Juventus Turin und wurde 2006 mit Italien Weltmeister – del Bosque, der WM-Trainer von 2010 (im Bild mit Löw), hatte 2000 und 2002 sogar zweimal mit Real Madrid den wichtigsten europäischen Vereinspokal geholt.

1 Franz Beckenbauer führte Deutschland 1986 und 1990 als Teamchef in die WM-Turniere, weil er über keine Trainerlizenz verfügte. Für welchen seiner Nachfolger galt das Gleiche?
a) Erich Ribbeck
b) Rudi Völler
c) Jürgen Klinsmann

2 Der Rekordhalter unter den Trainern mit den meisten WM-Spielen ist?
a) Sepp Herberger, Deutschland
b) Helmut Schön, Deutschland
c) Alf Ramsey, England

3 Welchem Trainer gelang turnierübergreifend mit elf Erfolgen die längste Siegesserie bei WM-Endrunden?
a) Mário Zagallo
b) Marcello Lippi
c) Luiz Felipe Scolari

1 b) Ribbeck hatte die Lizenz und betreute zudem das Team nie bei einer WM, auch Klinsmann verfügt über einen Trainerschein. Rudi Völler war 2000 ohne Lizenz als Nothelfer eingesprungen (im Bild mit Ronaldo), weil der designierte Ribbeck-Nachfolger Christoph Daum wegen seiner Kokain-Affäre ausfiel.

2 b) Helmut Schön schickte sein Team bei den Endrunden 1966, 1970, 1974 und 1978 insgesamt 25-mal aufs Feld – mit beachtlichem Erfolg: Zweiter 1966, Dritter 1970 und Weltmeister 1974.

3 c) Scolari gewann 2002 sämtliche sieben Endrundenspiele in Japan und Südkorea und führte Brasilien zum fünften Titel. Vier Jahre später gewann er mit Portugal die ersten vier Partien des Turniers und sein Team setzte sich auch im Elfmeterschießen im Viertelfinale durch.

1 Welcher Trainer neben Carlos Alberto Parreira betreute bei WM-Endrunden Mannschaften aus fünf Ländern?

a) Cesare Maldini, Italien
b) Henri Michel, Frankreich
c) Bora Milutinović, Serbien

2 Franz Beckenbauer führte Deutschland zweimal in Folge ins Finale einer WM. Welchen beiden Kollegen gelang das noch?

a) Vittorio Pozzo und Carlos Bilardo
b) Rinus Michels und Mário Zagalo
c) Helmut Schön und César Luis Menotti

1 c) Milutinović ist der größte Wandervogel der WM-Geschichte (im Bild im Jahr 2010), er betreute folgende Teams: Mexiko (1986), Costa Rica (1990), USA (1994), Nigeria (1998) und China (2002).

2 a) Bilardo und Beckenbauer standen sich 1986 und 1990 (im Bild) im WM-Finale gegenüber, einmal gewann der Argentinier, einmal der Deutsche. Vittorio Pozzo ist der einzige Trainer bislang, der zwei WM-Titel holte: 1934 und 1938 mit Italien.

1 In der Qualifikationsrunde zur WM 2002 erzielte ein Team in zwei Spielen sagenhafte 53 Tore. Wem gelang dies?
a) Iran b) Australien c) Japan

2 Welcher französische Stürmerstar bereitete in der Qualifikation zur WM 2010 den Siegtreffer seines Teams im Relegationsspiel gegen Irland mit einem Handspiel vor?
a) Nicolas Anelka
b) Thierry Henry
c) Karim Benzema

3 Welches Team konnte sich am häufigsten für eine WM-Endrunde qualifizieren?
a) Deutschland b) Brasilien c) Italien

1 b) Nach einem 22:0 gegen Tonga am 9. April 2001 bezwangen die Australier Amerikanisch-Samoa mit 31:0. Der Iran konnte den dritthöchsten Sieg in einer Qualifikationsrunde verbuchen: Im Juni 1997 siegte das Team auf den Malediven mit 17:0.

2 b) Thierry Henry beging diese Unsportlichkeit – William Gallas verwandelte das Zuspiel zum Siegtreffer der Équipe Tricolore, die so für die Endrunde qualifiziert war.

3 a) Brasilien war bei allen 19 Turnieren dabei, gefolgt von Deutschland und Italien (je 17). Die häufigsten Qualifikationen (14, davon 13 erfolgreich) mussten die Italiener absolvieren, weil die beiden anderen Teams öfter als sie automatisch qualifiziert waren.

1 Welchem Startrainer widerfuhr das Missgeschick, mit den Niederlanden die Qualifikation für eine WM-Endrunde zu verpassen?
a) Johan Cruyff
b) Rinus Michels (links im Bild mit van Gaal)
c) Louis van Gaal

2 Wie häufig konnten sich sämtliche vier britischen Teams (England, Schottland, Nordirland und Wales) gemeinsam für eine Endrunde qualifizieren?
a) nie b) einmal c) zweimal

3 Seit wann können sich 32 Teams für die WM qualifizieren?
a) seit 1974 b) seit 1982 c) seit 1998

1 c) Der aktuelle Bondscoach van Gaal hatte diese Funktion schon einmal von 2000 bis 2002 inne und landete mit dem Team in seiner Gruppe hinter Portugal und Irland nur auf Rang 3.

2 b) Das war einzig 1958 der Fall, wobei Wales Glück hatte: Weil Israel in der Asienzone aus politischen Gründen ohne Gegner geblieben war, wurde ein europäisches Team den Israelis als Kontrahent für Ausscheidungsspiele zugelost. Das war Wales, das beide Matches gewann.

3 c) Bis 1978 war die Teilnehmerzahl einer Endrunde auf 16 Teams beschränkt, wobei die Teams aus Europa und Südamerika mindestens zwölf Plätze innehatten. 1982 bis 1994 spielten 24 Teams um den Titel, seit 1998 sind es 32. Das kam vor allem den übrigen Kontinentalverbänden zugute.

1 Welcher spätere deutsche Weltmeister wurde als Erster in der Geschichte bei einem WM-Qualifikationsspiel eingewechselt?

a) Franz Beckenbauer (im Bild mit Overath)
b) Wolfgang Overath
c) Horst Eckel

2 Welches afrikanische Team erlitt die Tragödie, dass 18 seiner Spieler 1993 bei einem Flugzeugabsturz ums Leben kamen?

a) Elfenbeinküste b) Sambia c) Ghana

3 Wie viele Auswärtsspiele verlor Deutschland bei seinen bislang 12 erfolgreichen Qualifikationsrunden zu WM-Turnieren?

a) null b) zwei c) vier

1 c) Auswechslungen in Pflichtspielen sind erst seit 1969 möglich. Für die Endrunde 1954 galt die Ausnahmeregelung, dass im Fall einer Verletzung bis Ende der ersten Halbzeit ein Spieler ausgetauscht werden durfte. So war Eckel 1953 der erste Einwechselspieler in einer WM-Qualifikationspartie.

2 b) Das Unglück ereignete sich im April 1993 nahe Libreville, der Hauptstadt Gabuns (im Bild die Erinnerung daran aus dem Jahr 2012). Die Sambier befanden sich auf der Anreise zu einem WM-Qualifikationsspiel im Senegal.

3 a) Die Deutschen verloren überhaupt nur zwei Spiele auf dem Weg zu einer Endrunde, beide zu Hause: 1985 mit 0:1 gegen Portugal, 2001 mit 1:5 gegen England. In Auswärtsspielen sind sie bislang ungeschlagen.

1 Aus welchem Land stammt der Spieler, der die meisten Tore in Qualifikationsspielen zu WM-Endrunden erzielt hat?
a) Australien b) Iran c) Südkorea

2 Wann fand erstmals ein WM-Qualifikationsspiel in einer geschlossenen Halle statt?
a) 1976 b) 1994 c) 2002

3 Welches europäische Team konnte als erstes in der Qualifikation sämtliche zehn seiner Spiele gewinnen?
a) BRD/Deutschland
b) Niederlande
c) Spanien

1 b) Ali Daei, in der Bundesliga u. a. für Bayern München aktiv (im Bild im Jahr 1999), erzielte in den Qualifikationsrunden zu den Turnieren 1994 (7), 1998 (9), 2002 (10) und 2006 (9) insgesamt 35 Tore.

2 a) Im Oktober 1976 schlugen die USA den Nachbarn Kanada im Kingdome von Seattle (im Bild im Jahr 2000), der erst im März des Jahres eröffnet worden war.

3 c) Das gelang den Iberern auf dem Weg zum Turnier 2010 in Südafrika. Auch die Niederlande gewannen in dieser Runde sämtliche Spiele, doch waren dies aufgrund der Gruppengröße nur acht – das hatte Deutschland schon vor der Endrunde 1982 geschafft.

1. Durch den Zerfall des Ostblocks konnten nach 1990 Spieler für ihr neues Land auflaufen, obwohl sie zuvor bereits für ein anderes Team gespielt hatten. Ein Einziger von ihnen erzielte auch WM-Tore für unterschiedliche Länder. Wer war es?
   a) Robert Prosinečki
   b) Oleg Salenko
   c) Davor Šuker

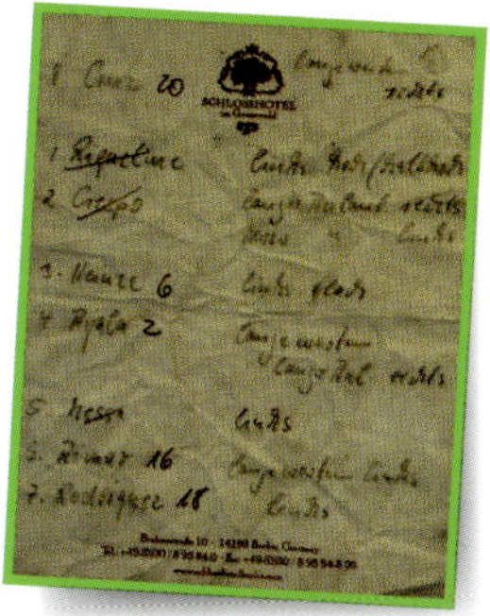

2. Sieben Mannschaften mussten bei WM-Endrunden mindestens dreimal ins Elfmeterschießen (im Bild der berühmte Notizzettel von Jens Lehmann 2006). Wer war jedes Mal erfolgreich dabei?
   a) Argentinien
   b) Deutschland
   c) Brasilien

1 a) Prosinečki traf sowohl 1990 für Jugoslawien als auch 1998 für Kroatien. Sein Landsmann Davor Šuker, 1998 Torschützenkönig des Turniers in Frankreich, war ebenfalls 1990 im jugoslawischen Aufgebot, blieb jedoch ohne Tor.

2 b) Deutschland gewann sämtliche vier Elfmeterduelle bei WM-Turnieren. Argentinien folgt auf Rang 2 mit drei Siegen und einer Niederlage – gegen die Deutschen 2006 (im Bild). England verlor sämtliche seiner drei Duelle.

1 Wie endete das bislang torreichste Match bei einer WM-Endrunde?
a) 8:3 b) 11:0 c) 7:5

2 Einem einzigen Spieler gelang es bisher, in zwei WM-Finals einen Elfmeter zu verwandeln, nämlich?
a) Pelé
b) Ronaldo
c) Paul Breitner

3 Welcher Weltmeister holte den Titel mit der geringsten Anzahl der im Turnier erzielten Treffer?
a) Spanien 2010
b) Italien 2006
c) Brasilien 1994

1 c) Im Viertelfinale 1954 unterlag Gastgeber Schweiz dem Nachbarn Österreich mit 5:7 (im Bild). In der Gruppenphase hatte Ungarn die Deutschen mit 8:3 bezwungen, aber das Finale gegen denselben Gegner mit 2:3 verloren.

2 c) Paul Breitner glich 1974 zum 1:1 gegen die Niederlande aus (im Bild) und verkürzte 1982 zum 1:3-Endstand gegen Italien – beide Male durch Elfmeter.

3 a) In sieben Spielen trafen die Spanier insgesamt nur achtmal ins gegnerische Tor, ein Rekord an Effizienz. Italien 1938, England 1966 und Brasilien 1994 holten ihre Titel mit jeweils elf Toren.

1 Wann wurde zum ersten Mal bei einer WM-Endrunde die Grenze von einer Million Zuschauern überschritten?
a) 1950 b) 1954 c) 1966

2 Das bislang früheste Tor in einem WM-Finale fiel durch einen Elfmeter. Wer verwandelte den?
a) Johan Neeskens, Niederlande
b) Fritz Walter, Deutschland
c) Zinédine Zidane, Frankreich

3 Brasilien und Deutschland teilen sich den Rekord der längsten Serie von Spielen, in denen die Teams mindestens ein Tor erzielten. Wie oft in Folge gelang ihnen das?
a) 12-mal b) 15-mal c) 18-mal

1 a) Fast erwartungsgemäß waren es die fußballbegeisterten Brasilianer, die diese Marke setzten: 1950 sahen nach offiziellen Angaben 1 043 000 Fans die Spiele.

2 a) Johan Neeskens verwandelte bereits in der zweiten Spielminute des Finals von 1974 einen Foul-Elfmeter zum 1:0. Dennoch unterlag die Elftal am Ende dem Gastgeber Deutschland mit 1:2.

3 c) Brasilien blieb in seinen ersten 18 Spielen von 1930 an nie ohne Torerfolg, die Serie endete überraschenderweise in der Vorrunde 1958. Am Ende stand allerdings der erste Titelgewinn. Den Deutschen gelang die Serie sogar zweimal – von 1934 bis 1962 und von 1986 (im Bild) bis 1998.

1 Wie hieß der erste Torschütze bei einem WM-Spiel überhaupt?
a) Guillermo Stábile, Argentinien
b) José Leandro Andrade, Uruguay
c) Lucien Laurent, Frankreich

2 Bei welchem Turnier fielen im Schnitt die meisten Tore pro Spiel?
a) 1998 b) 1954 c) 1938

3 Bei der Endrunde 2010 hatte Bayern München mit elf Spielern die höchste Zahl an Abstellungen deutscher Vereine (im Bild Robben und van Bommel). Welches Team war mit den meisten Kickern im Turnier präsent?
a) Chelsea London
b) Real Madrid
c) FC Barcelona

1 c) Am 13. Juli 1930 erzielte Lucien Laurent nach knapp 20 Minuten das 1:0 gegen Mexiko und ging damit in die Geschichte ein (im Bild im Jahr 2002). Am Ende siegte Frankreich mit 4:1.

2 b) In der Schweiz fielen 1954 in 26 Spielen 140 Tore, das entspricht einem Schnitt von 5,38 pro Spiel. Die meisten Tore fielen 1998 in Frankreich, doch wurden hier 160 Spiele ausgetragen und der Schnitt lag bei 2,67.

3 c) 14 Spieler des katalanischen Klubs waren in Südafrika dabei, Chelsea und der FC Liverpool lagen mit zwölf Nominierten ebenfalls noch vor den Bayern.

1 Welches Land durfte als erstes zum zweiten Mal Gastgeber einer WM-Endrunde sein?
a) Uruguay
b) BRD/Deutschland
c) Mexiko

2 Wie oft wurden Gastgeber der 19 Turniere auch Weltmeister (im Bild das Emblem der WM in Uruguay 1930)?
a) sechsmal
b) viermal
c) dreimal

3 Am Eröffnungsturnier 1930 in Uruguay nahmen nur 13 Teams teil.
Wie viele davon kamen aus Europa?
a) drei b) vier c) fünf

1 c) Mexiko, Ausrichter des Turniers von 1970 (im Bild), kam bereits 16 Jahre später in den Genuss, ein zweites Mal den Gastgeber zu spielen. Grund hierfür war, dass die FIFA dem eigentlich nominierten Kolumbien wegen schwerer Verfehlungen während der Vorbereitung die Austragung entzogen hatte.

2 a) Uruguay 1930, Italien 1934, England 1966, Deutschland 1974, Argentinien 1978 und Frankreich 1998 triumphierten im eigenen Land. Brasilien 1950 und Schweden 1958 wurden bei ihren Heimturnieren Vizeweltmeister.

3 b) Allein Frankreich, Belgien, Jugoslawien und Rumänien schreckten nicht vor der langen und strapaziösen Schiffsreise nach Südamerika zurück. Die übrigen europäischen Nationen blieben dem Turnier fern.

1. Bei welcher Endrunde wurden die WM-Spiele in der größten Zahl unterschiedlicher Stadien in einem Land ausgetragen?
a) 1982 b) 2002 c) 2010

2. Welcher WM-Gastgeber schied als erster bereits nach der Gruppenphase aus dem Turnier aus?
a) Mexiko 1986
b) Japan 2002
c) Südafrika 2010

3. Welches Land konnte erstmals direkt im Anschluss an Olympische Spiele auch eine FIFA WM ausrichten?
a) Deutschland
b) Mexiko
c) Italien

1 a) Bei der Endrunde 1982 in Spanien kamen insgesamt 14 Stadien zu WM-Ehren (im Bild das spanische Königspaar 1982). 2002 waren es sogar 20, doch die WM wurde in zwei Ländern (Japan und Südkorea) ausgetragen, die jeweils zehn Stadien stellten.

2 c) Tatsächlich war Südafrika bei der bislang letzten WM-Endrunde der erste Gastgeber, der nicht über die Vorrunde hinauskam – als Gruppendritter hinter Uruguay und Mexiko (im Bild die Eröffnungsfeier).

3 b) In Mexiko fanden 1968 die Spiele und 1970 die WM-Endrunde statt. Deutschland folgte in derselben Reihenfolge in den Jahren 1972 und 1974.

1 Welches afrikanische Land scheiterte mittlerweile schon viermal mit seinen Bewerbungen für die Austragung einer FIFA WM?
a) Marokko b) Tunesien c) Ägypten

2 An welchen reichen Ölstaat im Nahen Osten vergab die FIFA die Endrunde 2022 und erntete damit Korruptionsvorwürfe?
a) Saudi-Arabien
b) Katar
c) Dubai/Vereinigte Arabische Emirate

3 Welches Gastgeberland kann für sich den Rekord verbuchen, sowohl absolut wie auch im Schnitt die meisten Zuschauer in die Stadien gelockt zu haben?
a) USA 1994
b) Deutschland 2006
c) Südafrika 2010

1 a) Marokko bewarb sich als erstes afrikanisches Land überhaupt und scheiterte viermal: 1994, 1998, 2006 und 2010.

2 b) Katar soll die Endrunde 2022 austragen – ein Land, das keine Fußballtradition hat und in dem Spiele in den Sommermonaten nur in geschlossenen und klimatisierten Stadien möglich sind.

3 a) In den USA sahen 1994 über 3,5 Millionen Fans die Spiele, was einem Schnitt von fast 69 000 pro Spiel entsprach. In beiden Kategorien liegt die Endrunde 2006 in Deutschland auf dem zweiten Rang.

1 Bei welchem Turnier gab es die bislang meisten Platzverweise?
a) Frankreich 1998
b) Deutschland 2006
c) Italien 1990

2 Aus welcher damaligen Sowjetrepublik kam der Linienrichter, der im WM-Finale 1966 das »Wembley-Tor« von Geoff Hurst zum 3:2 gegen Deutschland
a) Georgien
b) Armenien
c) Aserbaidschan

3 Der jüngste Schiedsrichter, der je ein WM-Endspiel leitete, war 1934 der Schwede Ivan Eklind. Er zählte damals wie viele Jahre?
a) 28 b) 38 c) 39

1 b) Dieser Negativrekord wurde 2006 in Deutschland mit 28 Roten bzw. Gelb-Roten Karten aufgestellt (im Bild eine Skulptur mit dem Foul von Zidane an Materazzi). Das Turnier 1998 hält mit 22 Platzverweisen Rang 2 vor den Endrunden 2002 und 2010 mit je 17.

2 c) Tofik Bachramow, der seinerzeit dem Schweizer Schiedsrichter Gottfried Dienst signalisierte, der Ball sei hinter der Linie aufgeschlagen, stammte aus Aserbaidschans heutiger Hauptstadt Baku. Das dortige Nationalstadion trägt seinen Namen.

3 a) Der 1905 geborene Eklind war damals erst 28. Er geriet ins Zwielicht, weil er sich von Italiens Diktator Mussolini empfangen ließ und das Gastgeberland sowohl im Halbfinale als auch im Endspiel durch fragwürdige Entscheidungen bevorteilte. Dennoch kam er 1938 und 1950 zu weiteren WM-Einsätzen.

1 Ein mehrfacher Weltmeister hält auch den Rekord, die meisten Platzverweise bei WM-Turnieren erhalten zu haben. Das ist?
a) Argentinien b) Brasilien c) Italien

2 Zwei Unparteiische pfiffen sowohl ein EM- als auch ein WM-Finale. Wer gelangte nicht zu dieser Ehre?
a) Pierluigi Collina, Italien, 2000 und 2002
b) Gottfried Dienst, Schweiz, 1966 und 1968
c) Sergio Gonella, Italien, 1976 und 1978

3 Aus welchem Land kam der Unparteiische, der 2010 sowohl das Champions-League-Finale zwischen Inter Mailand und Bayern München als auch das WM-Endspiel leitete?
a) Frankreich b) Dänemark
c) England

1 b) Mit der Roten Karte für Felipe Melo im WM-Viertelfinale 2010 zogen die Brasilianer in dieser Statistik an Argentinien mit zehn Platzverweisen vorbei.

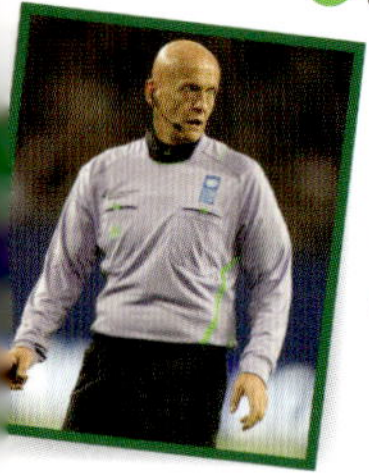

2 a) Collina konnte das EM-Finale 2000 schon deshalb nicht leiten, weil sein Heimatland dort gegen Frankreich antrat. Dienst und Gonella sind somit bislang die einzigen Referees, die Endspiele in beiden Wettbewerben pfiffen.

3 c) Der Engländer Howard Webb leitete das bislang kartenreichste Finale der WM-Geschichte: Beim 1:0 der Spanier gegen die Niederlande verteilte er 13 Gelbe und eine Gelb-Rote Karte.

1 Seit wann gibt es bei WM-Turnieren die sogenannte Gelb-Rote-Karte für ein zweites Vergehen, das alleine nicht zu einem Platzverweis geführt hätte?
a) 1970 b) 1994 c) 1998

2 Welcher deutsche Schiedsrichter zückte zum ersten Mal bei einer WM-Endrunde die Gelbe Karte?
a) Rudolf Kreitlein
b) Walter Eschweiler
c) Kurt Tschenscher

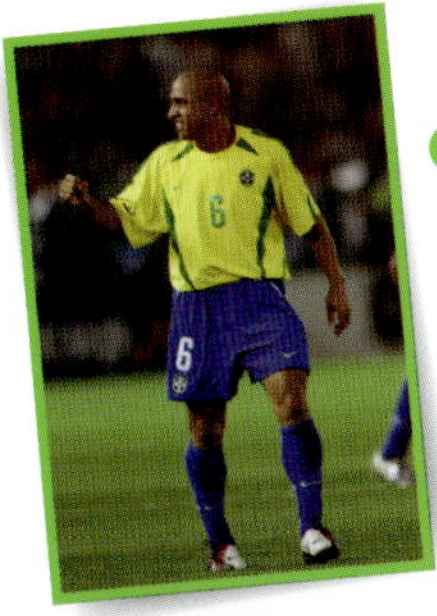

3 Gemeinsam mit Zinédine Zidane hält welcher Brasilianer den Rekord, bei WM-Turnieren sechs Karten kassiert zu haben?
a) Cafu b) Dunga
c) Roberto Carlos (im Bild)

1 b) Eingeführt wurde die Regel 1991 und wurde so erstmals 1994 in den USA bei einem WM-Turnier eingesetzt. Gelb-Rot zieht automatisch eine Sperre des Betroffenen für das nächste Match im Wettbewerb nach sich.

2 c) Karten wurden erstmals bei der Endrunde 1970 eingesetzt, um Verwarnungen und Platzverweise anzuzeigen. Im Eröffnungsspiel des Turniers zwischen Gastgeber Mexiko und der UdSSR machte Tschenscher als Erster von dieser Regel Gebrauch.

3 a) Cafu, der als einziger Spieler in drei Endspielen stand (1994, 1998 und 2002), kassierte bei diesen Turnieren sechs Gelbe Karten. Anders als Zinédine Zidane, der zweimal vorzeitig vom Platz musste, blieb es für Cafu bei Gelben.

1 Bei wie vielen WM-Endrunden gab es überhaupt keinen Platzverweis?
a) bei einer Endrunde
b) bei zwei Endrunden
c) bei vier Endrunden

2 Zwei Stars wurden in zwei Turnieren jeweils einmal vom Platz gestellt. Diese Sünder waren:
a) Rigobert Song und Zinédine Zidane
b) Cafu und Kaká
c) Nigel de Jong und Giovanni van Bronckhorst (links und rechts im Bild)

3 Welche beiden Teams standen sich im bislang kartenreichsten Match der WM-Geschichte gegenüber?
a) Deutschland und Kamerun 2002
b) Portugal und Niederlande 2006
c) Spanien und Niederlande 2010

1 b) Sowohl 1950 als auch 1970 wurde kein einziger Spieler vorzeitig zum Duschen geschickt.

2 a) Die Rote Karte nach dem legendären Kopfstoß gegen Marco Materazzi war nach einem Platzverweis 1998 schon die zweite für Zinédine Zidane. Der Kameruner Rigobert Song sah 1994 und 1998 jeweils Rot.

3 b) Beim Achtelfinalspiel zwischen Portugal und den Niederlanden mussten je zwei Spieler beider Teams mit Gelb-Rot vorzeitig vom Platz. Zusätzlich gab es noch acht Gelbe Karten. Damit wurde der Rekord aus dem Jahr 2002 von Kamerun und Deutschland eingestellt und übertroffen: Insgesamt gab es auch 16-mal Gelb, dabei aber nur zweimal Gelb-Rot.

1. Gegen welchen Gegner gewann die bundesdeutsche Mannschaft 1974 in der »Wasserschlacht von Frankfurt«?
a) Polen b) Schweden c) DDR

2. Aus welchem südamerikanischen Land stammte der Fußballer, der vermutlich wegen eines Eigentores während einer WM-Endrunde Tage später in seiner Heimat erschossen wurde?
a) Bolivien
b) Kolumbien
c) Chile

3. Welchem Team widerfuhr das Schicksal, bei seiner ersten WM-Endrunde in nur zwei Spielen 16 Gegentore zu schlucken?
a) Zaire b) Nordkorea c) Südkorea

1 a) Durch ein Tor von Gerd Müller bezwang die BRD die spielstarken Polen in der zweiten Finalrunde mit 1:0 und zog ins Finale ein. Angesichts der schweren Regenfälle in den Stunden zuvor hätte das Match normalerweise gar nicht angepfiffen werden dürfen.

2 b) Der Kolumbianer Andrés Escobar hatte in der Vorrunde der WM 1994 im Gruppenspiel gegen Gastgeber USA mit einem Eigentor dazu beigetragen, dass seine Mannschaft vorzeitig ausschied. Gut zehn Tage später wurde er in einer Bar in Medellín erschossen.

3 c) Südkorea verlor 1954 in der deutschen Vorrundengruppe mit 0:9 gegen Ungarn und 0:7 gegen die Türkei. Infolge des komplizierten Modus seinerzeit trugen die Mannschaften in der Gruppenphase nur zwei Spiele aus, die Asiaten trafen deshalb nicht auf den späteren Weltmeister Deutschland.

1 Ein Stürmer Uruguays verhinderte 2010 mit einem Handspiel in der letzten Minute ein sicheres Tor Ghanas, das danach im Elfmeterschießen verlor. Wer beging diese Unsportlichkeit?
a) Diego Forlán b) Diego Lugano
c) Luis Suárez

2 Welchem Land gelang das Kunststück, Weltmeister zu werden, ohne ein einziges seiner Gruppenspiele gewonnen zu haben?
a) Spanien 2010 b) Italien 1982 c) Uruguay 1950

3 Im Juli 1969 brach nach einem WM-Qualifikationsspiel ein Krieg zwischen den beteiligten Ländern aus. Welche waren das?
a) Honduras und El Salvador
b) Guatemala und Costa Rica
c) Mexiko und Belize

1 c) Luis Suárez wurde für diese Aktion zwar vom Platz gestellt, dennoch aber nach dem Elfmeterschießen von seinen Mitspielern wie ein Held gefeiert.

2 b) Sowohl Italien als auch Kamerun (beide im Bild) spielten in ihrer Gruppe 1982 dreimal remis. Allein wegen der mehr erzielten Treffer (2:2) kamen die Italiener als Zweiter hinter Polen in die nächste Runde, während die Afrikaner (1:1) ausschieden.

3 a) El Salvador hatte am 26. Juni 1969 Honduras im Entscheidungsspiel aus dem Turnier geworfen und konnte sich später sogar für die Endrunde 1970 qualifizieren. Vom 14. bis 18. Juli desselben Jahres befanden sich beide Länder im Krieg, das Fußballspiel war der Auslöser des offenen Konflikts.

1 1966 wurden in England mit Ausnahme des Endspiels vor den Partien keine Nationalhymnen gespielt. Welcher Teilnehmer gab hierzu den Anlass?
a) Nordkorea b) UdSSR c) Südafrika

2 Weshalb trat Indien 1950 nach seiner bislang einzigen Qualifikation für eine Endrunde dennoch nicht im Turnier an?
a) weil Pakistan in dieselbe Gruppe gelost wurde
b) wegen des Todes von Mahatma Gandhi kurz zuvor
c) weil den Spielern untersagt wurde, ohne Schuhe zu spielen

3 Wie hieß der französische Gegenspieler, dem Deutschlands Torwart Toni Schumacher nach einem brutalen Foul im WM-Halbfinale 1982 neue Jacketkronen bezahlen wollte?
a) Michel Platini
b) Patrick Battiston
c) Gilbert Gress

1 a) Großbritannien unterhielt seinerzeit keine diplomatischen Beziehungen zu Nordkorea, weshalb die Hymne des Landes nicht gespielt werden sollte. Um Komplikationen zu vermeiden, verzichtete man gänzlich auf das Abspielen von Hymnen.

2 c) Grund für die Absage Indiens waren tatsächlich Streitigkeiten über das Schuhwerk der Spieler. Der Freiheitskämpfer Gandhi war bereits Anfang 1948 gestorben und Pakistan konnte sich noch nie für ein Turnier qualifizieren.

3 b) Das Opfer einer brutalen Abwehrattacke des Torwarts Schumacher war der Abwehrspieler Battiston, der gut zehn Minuten nach seiner Einwechslung mit einer Gehirnerschütterung schon wieder vom Feld musste.

1. 1938 in Frankreich spielten nur 15 Teams um den WM-Titel, obwohl 16 sich qualifiziert hatten. Welches Land trat nicht an?
   a) Österreich b) Tschechoslowakei c) Polen

2. Wie hießen die beiden Kontrahenten, die 1990 im Achtelfinale zwischen Deutschland und den Niederlanden wegen der sogenannten »Lama«-Attacke vom Platz gestellt wurden?
   a) Ruud Gullit und Jürgen Klinsmann
   b) Frank de Boer und Klaus Augenthaler
   c) Frank Rijkaard und Rudi Völler

3. Welche beiden Nachbarländer waren 1982 an der »Schande von Gijón« beteiligt?
   a) Uruguay und Argentinien
   b) Schweden und Dänemark
   c) Deutschland und Österreich

1 a) Nach dem »Anschluss« Österreichs an das Deutsche Reich wurden Spieler des »Wunderteams« in die deutsche Mannschaft integriert. Zum Ärger der Nazis schied die Mannschaft bereits im Achtelfinale aus – ausgerechnet gegen die kleine Schweiz!

2 c) Die Streithähne waren Rijkaard und Völler, die Spuckattacke kam zwar von dem Niederländer, aber beide Spieler sahen die Rote Karte. Die Deutschen gewannen mit 2:1 und wurden am Ende Weltmeister.

3 c) Am 25. Juni 1982 gewannen die Deutschen mit 1:0 gegen Österreich. Nach dem frühen Führungstor spielten beide Teams auf Halten des Ergebnisses, mit dem sie beide weiterkamen. Leidtragende waren die Algerier, die ihr letztes Spiel bereits am Tag zuvor absolviert hatten.

1 Schon lange vor Pelé zählten dunkelhäutige Spieler zu den großen Stars der Turniere. Wie hieß der erste von ihnen 1930?

a) Arthur Friedenreich, Brasilien
b) José Leandro Andrade, Uruguay
c) Leônidas da Silva, Brasilien

2 Einem Star der italienischen Weltmeister-mannschaften von 1934 und 1938 wurde die Ehre zuteil, dass ein berühmtes Stadion nach ihm benannt wurde. Wie ist sein Name?

a) Valentino Mazzola
b) Giampiero Combi
c) Giuseppe Meazza

3 Ferenc Puskás, Star der ungarischen Mannschaft 1954, emigrierte 1956 nach der Niederschlagung des Volks-aufstands in seiner Heimat. Bei welchem Verein feierte er danach Erfolge?

a) Inter Mailand b) FC Barcelona c) Real Madrid

1 b) Arthur Friedenreich galt als bester Fußballer jener Jahre, nahm aber an der Endrunde 1930 aufgrund verbandsinterner Streitigkeiten nicht teil (rechts im Bild im Jahr 1963). Andrade errang mit Uruguay den Titel und war einer der Stars des Teams. Leônidas trat erstmals 1934 bei einer Endrunde an.

2 c) Das legendäre San Siro in Mailand wurde 1979 kurz nach dem Tod des ehemaligen Stars von Inter Mailand in Giuseppe-Meazza-Stadion umbenannt.

3 c) Puskás spielte von 1958 bis 1966 bei Real Madrid und holte u. a. mit dem Verein dreimal den Europapokal der Landesmeister. Zudem trat er noch viermal für Spanien an.

1 Welchem dieser deutschen WM-Stars gelang es nicht, mindestens einmal auch die Champions League bzw. den Europapokal der Landesmeister zu gewinnen?
a) Franz Beckenbauer (im Bild 1990 mit Matthäus)
b) Lothar Matthäus
c) Rudi Völler

2 Der Brasilianer Zico wurde zu seiner Zeit »der weiße Pelé« genannt. Wie oft wurde er mit Brasilien Weltmeister?
a) zweimal b) einmal c) gar nicht

3 Der »Goldene Schuh« für den besten Torjäger wird seit 1978, der »Goldene Ball« für den besten Spieler eines Turniers seit 1982 vergeben. Wie oft gelang es einem Spieler, beide Trophäen zu gewinnen und gleichzeitig Weltmeister zu werden?
a) nie b) zweimal c) einmal

1 b) Beckenbauer holte von 1974 bis 1976 dreimal den Landesmeisterpokal, Völler 1993 einmal mit Olympique Marseille. Lothar Matthäus erreichte 1987 und 1999 mit den Bayern das Finale, beide Spiele gingen jedoch verloren.

2 c) Zico trat bei den Turnieren von 1978, 1982 und 1986 für Brasilien an, doch es reichte nur zu einem dritten Platz 1978. Wie auch seine Mitspieler Sócrates und Falcão zählt er zu den weltbesten Spielern, die nie Weltmeister wurden.

3 c) Paolo Rossi ist neben seinem Landsmann Salvatore Schillaci der Einzige, der bei einer Endrunde beide Auszeichnungen einheimste. Rossi wurde 1982 mit Italien auch Weltmeister, während das Land 1990 im Halbfinale gegen Argentinien ausschied.

1 Seit 1991 wird jährlich der Weltfußballer des Jahres gekürt. Welcher Titelträger nahm nie an einer WM-Endrunde teil?
a) Roberto Baggio, Juventus Turin, 1993
b) George Weah, Paris St. Germain/AC Mailand, 1995
c) Luís Figo, Real Madrid, 2001

2 Seit 1982 wurden acht Fußballer mit dem »Goldenen Ball« als beste Spieler des Turniers geehrt. Wie viele von ihnen holten im Jahr ihres persönlichen Triumphes auch den WM-Titel?
a) drei b) vier c) fünf

3 Gegen welchen Gegner erzielte Diego Maradona 1986 sein legendäres Tor, das später als schönstes der WM-Geschichte ausgezeichnet wurde?
a) Deutschland b) Belgien c) England

1 b) George Weah stammt aus Liberia und ist einer der besten afrikanischen Fußballer aller Zeiten. Sein Land jedoch konnte sich noch nie für eine FIFA WM-Endrunde qualifizieren.

2 a) Paolo Rossi 1982, Diego Maradona 1986 und Romário 1994 wurden mit Italien, Argentinien und Brasilien im selben Jahr auch Weltmeister. Brasiliens Ronaldo holte 1998 den »Goldenen Ball« und den Titel vier Jahre später, Zinédine Zidane wurde 1998 Weltmeister und 2006 bester Spieler des Turniers.

3 c) Am 22. Juni 1986 traf Maradona im Viertelfinalspiel gegen England zunächst mit der legendären »Hand Gottes«, ehe er drei Minuten später bei einem Sololauf mehrere Gegner umdribbelte und zum 2:0 abschloss. England konnte zehn Minuten vor Spielende nur mehr verkürzen.

1 Welche beiden Exweltmeister aus unterschiedlichen Kontinenten spielten gegen Ende ihrer Karrieren noch gemeinsam in den USA bei Cosmos New York?

a) Pelé und Franz Beckenbauer
b) Gerd Müller und Jairzinho
c) Geoff Hurst und Rivelino

2 Lionel Messi und Cristiano Ronaldo gelten als aktuell weltbeste Fußballer, konnten aber noch keinen WM-Titel gewinnen. Wann schieden sie mit ihren Teams 2010 in Südafrika aus?

a) Beide schieden im Viertelfinale aus.
b) Argentinien schied im Halb- und Portugal im Viertelfinale aus.
c) Argentinien schied im Viertel- und Portugal im Achtelfinale aus.

1 a) Pelé war bereits 1975 in die amerikanische Operettenliga gewechselt, Beckenbauer tat diesen Schritt zwei Jahre später. In ihrer einzigen gemeinsamen Saison wurden sie 1977 auch US-Meister. Für den Deutschen kamen 1978 und 1980 noch zwei weitere Titel hinzu.

2 c) Portugal unterlag im Achtelfinale dem Nachbarn und späteren Weltmeister Spanien mit 0:1, Argentinien bekam eine 0:4-Klatsche von Deutschland.

Bildnachweis

Fotolia: Umschlag vorne: Vitaly Krivosheev – Buttolia, S. 3/6/9/12/15/17/21/23/39/41/47/51/59/69/72/75/85/90: Buttolia, S. 13: Visty, S. 29/55/64/67/73/82/84/87/94: zibiamedve, S. 35: Paul W. Brian, S. 37/47: Smileus, S. 45/61/91/96: C. Berlin, S. 49: Visty, S. 55: Paul W. Brian, S. 78: Texelart, S. 81: Paul W. Brian, Umschlag hinten: zabimadve

Alle weiteren Fotos von **imago sportfoto** (106): Umschlag vorne: Xinhua, S. 1: Chai v.d. Laage, S. 2: PanoramiC, S. 3: WEREK, S. 4: Ulmer – Colorsport, S. 5: Buzzi, S. 6: Ulmer/Teamfoto, S. 7: WEREK, S. 8: Ferdi Hartung, S. 9: Xinhua, S. 10: Kicker, S. 11: ND-Archiv, S. 12: Contrast, S. 14: Anan Sesa – Ulmer, S. 16: WEREK – MIS, S. 17: Sven Simon, S. 18: Frinke, S. 19: Camera 4 – WEREK, S. 20: PanoramiC, S. 21: Gallo Images, S. 22: Buzzi – Buzzi, S. 24: Pressefoto Baumann – WEREK, S. 25: ZUMA Press/Keystone, S. 26: WEREK – Ulmer, S. 27: Kicker, S. 28: Gallo Images – Kolvenbach, S. 29: ND-Archiv, S. 30: HJS, S. 31: MIS – Frinke, S. 32: VI Images – Frinke, S. 33: Uwe Kraft, S. 34: Gribaudi/ImagePhoto – Ulmer, S. 36: Colorsport – Pressefoto Baumann, S. 38: Sven Simon – Kicker, S. 39: Pressefoto Baumann, S. 40: East News – Pressefoto Baumann, S. 41: WEREK, S. 42: Sven Simon – Chai v.d. Laage, S. 43: Sven Simon – GEPA pictures, S. 44: WEREK – Sportimage, S. 46: Ulmer – Ulmer, S. 48: Imaginechina – WEREK, S. 50: Sportimage, S. 51: VI Image, S. 53: Kicker, S. 54: PanoramiC – Martin Hoffmann, S. 56: Bernd Müller – Imagebroker/Giovannini, S. 57: Bernd Müller, S. 58: WEREK – Camera 4, S. 60: Kicker – WEREK, S. 62: Kicker/Metelmann – Norbert Schmidt, S. 63: cp24, S. 64: PanoramiC, S. 65: Ed Gar, S. 66: Kicker/Metelmann, S. 68: Frinke – Sportimage, S. 70: Ulmer – Sven Simon, S. 71: Pressefoto Baumann, S. 72: IP3press, S. 73: BPI, S. 74: Cityfiles – Schupfner, S. 75: Camera 4, S. 76: WEREK, S. 77: MIS, S. 79: Sven Simon, S. 80: Frinke, S. 81: BPI, S. 82: WEREK, S. 83: WEREK, S. 86: VI Images, S. 87: PanoramiC, S. 88: Kicker – Buzzi, S. 89: WEREK, S. 90: Buzzi, S. 92: PanoramiC, S. 93: Cordon Press/Miguelez Sports, S. 94: Camera 4

Stand der Informationen: Sommer 2013

Text und Bildrecherche: Kurt-J. Heering
ISBN 978-3-7607-8997-2

www.arsedition.de

MIX
Papier aus verantwortungsvollen Quellen
FSC® C020056
FSC
www.fsc.org